Die blaue Rose

Man sieht nur mit dem Herzen gut
Ein chinesisches Märchen mit
Mandala-Bildern von Ingritt Neuhaus

Die blaue Rose

Vor langer Zeit lebte in China ein Kaiser, der hatte zwei Kinder, einen Sohn und eine Tochter. Der Sohn war bereits verheiratet und seine Frau hatte ihm einen gesunden Sohn geschenkt. Die Tochter aber war noch nicht vermählt, und der Kaiser wünschte auch sie mit einem ebenbürtigen Mann zu verheiraten, bevor er starb.

Diese Tochter war weit und breit berühmt wegen ihrer Schönheit. Sie hatte schöne braune Augen und ihr Lachen klang wie Silberglocken. Ihre Füße waren die schmalsten, die man finden konnte. Obendrein war sie ebenso weise wie schön und sang die Lieder der großen Künstler wie niemand sonst im Lande. Aber heiraten wollte sie nicht.

Sobald bekannt wurde, der Kaiser suche einen Freier für seine Tochter, kamen viele Jüng-

Schön ist die junge Prinzessin

    Verheißungsvoll das Dunkel ihrer Augen, ihr Lachen wie der Klang von Silberglöckchen, gekleidet mit dem Ansehen und der eigenen Würde einer Kaiserstochter, wartend auf das Leben.
    Alles ist Sehnsucht und Vorfreude.

linge in den Palast des Königs. Der Minister empfing sie alle, führte sie in ein Gemach und erklärte ihnen, die Tochter des Kaisers gewinne nur derjenige, der ihr eine blaue Rose brächte. Diese Bedingung hatte sie selbst gestellt.

Die erstaunten Freier fragten sich untereinander, wo sie wohl die blaue Rose finden könnten. Die meisten verzichteten sofort. Einige versuchten es, aber sie gaben es sehr bald wieder auf. So blieben zuletzt nur noch drei Freier übrig.

Der eine war ein reicher Kaufmann. Er ging in den größten Bazar und verlangte dort eine blaue Rose.

Der Händler entschuldigte sich mit vielen Verbeugungen. «Eine blaue Rose habe ich noch niemals gehabt.»

Aber der Kaufmann befahl ihm, eine blaue

Der königliche Weg

    Voll Schönheit ist der Weg ins Land der Verheißung,
blütengesäumt, lichtdurchflutet, hell der Horizont.
    Schön ist die Landschaft wie das Gewand der ersehnten
Geliebten, verlockend für den, den die Sehnsucht trägt zu ihr.

Rose herbeizuschaffen, koste es, was es wolle. Der Händler versprach, sein Bestes zu tun.

Der zweite Freier war ein Krieger. Er setzte sich auf ein starkes Roß, und ritt mit hundert Reitern zum Land der fünf Flüsse. Dort regierte ein König, der die wertvollsten Schätze der Welt sein eigen nannte. Der mutige Krieger verlangte aus diesen Schätzen eine blaue Rose und drohte, das Land zu vernichten, wenn er sie nicht erhielte.

Der König, der nicht kämpfen wollte, er war ein friedfertiger Mann, übergab dem fremden eine kostbare Edelsteinrose; und der Freier verließ mit diesem Edelstein das fremde Land. Er ging zum Palast des Königs, wurde sofort dem Kaiser vorgeführt und erzählte ihm sein Abenteuer. Der Kaiser rief seine Tochter. «Hier ist ein tapferer Held mit der Rose. Hat er seine Aufgabe erfüllt?»

Die Abgrenzung, das Neinsagen

Soll das Leben gelingen, Ideen nicht als Illusionen zerschellen, ist Achtsamkeit, Aufmerksamkeit, Wahrheitsliebe nötig, Zeit für das «Nein» auch, am richtigen Ort, zur richtigen Zeit, damit das «Ja» ein wirkliches «Ja» werden kann zu seiner Zeit.

Die Prinzessin nahm den kostbaren Stein in ihre schmalen Hände. Dann sagte sie: «Das ist keine Rose. Das ist ein Saphir, ein Edelstein. Solche Dinge habe ich genug.» Sie dankte dem Krieger höflich, und der Freier verließ das Schloß.

Kaum hatte der Kaufmann von der Niederlage des Kriegers gehört, ging er aufs neue zum Händler und verlangte die blaue Rose. «Wenn du sie findest, werde ich dich reich und mächtig machen, denn dann bin ich der Schwiegersohn des Kaisers. Andernfalls aber töte ich dich.»

«Gib mir drei Tage Zeit», flehte der Händler, «ich werde die blaue Rose bestimmt finden.» Der Kaufmann gab ihm drei Tage Zeit. Der arme Händler wußte genau, daß es keine blauen Rosen gab, und am dritten Tag ging er zu seiner Frau und klagte ihr sein Leid.

Absichtslos geschieht es

    Der zu Herzen gehende Gesang des Geliebten erweckt die Töne der Liebe im Herzen der Königstochter. Wie eine schon längst bekannte Melodie dringt es in ihre Seele und verklärt und überhöht alles, was sonst nur alltäglich wäre. Es ist, als würde die Vision von der blauen Rose Wirklichkeit.
    Sie blüht im Herzen der Geliebten.

Diese Frau nun war sehr klug. Sie ließ von einem zauberkundigen Mann eine Flüssigleit herstellen, tränkte den Stiel einer weißen Rose darinnen und siehe, die Rose wurde blau. Der Kaufmann eilte mit der blauen Rose in den Kaiserpalast. Wieder fragte der Kaiser seine Tochter: «Schau die herrliche blaue Rose! Hat dieser Freier seine Aufgabe zu deiner Zufriedenheit vollbracht?»

Die Prinzessin nahm die Rose in ihre Hand und dann sagte sie: «Nein! Diese Rose wurde künstlich gefärbt. Sie hat ihre weiße Farbe in blau verwandelt. Wenn sich Vögel und Schmetterlinge auf sie setzen, müßten sie sterben. Nehmt die Rose zurück.» Der Kaufmann mußte beschämt den Palast verlassen.

Der dritte Freier war ein sehr geschickter Staatsmann. Er rief den besten Künstler des Landes zu

Der entscheidende Moment

    Auch für den Sänger erfährt das Leben eine Wende.
Was sich ihm von selbst erschließt in der Begegnung mit der
Königstochter, erscheint ihm wie Schicksalsbestimmung.
Er kann sich nur noch für die Liebe entscheiden.
    So findet er zu sich selbst, zu ihr und zu seinem eigenen
Wesen.

sich und sagte zu ihm: «Mach mir einen Becher von feinstem Porzellan, weich in den Farben und vollendet in der Form und male darauf eine blaue Rose.» Der Künstler arbeitete drei Monate an dem Becher und schuf das Schönste, was er je geschaffen hatte.

Der Staatsmann hatte große Freude an dem Becher und eilte beglückt in das Schloß. Der Kaiser ließ wieder seine Tochter kommen, stellte ihr den Freier vor und fragte sie, ob dieser seine Sache recht gemacht habe.

Die Prinzessin nahm das Werk in ihre schmalen Hände und sprach: «Es ist das vollendetste Kunstwerk, das ich je gesehen habe. Ich werde es aufbewahren, denn dieser Becher ist würdig, die blaue Rose dereinst hineinzustellen.»

Auch dieser Freier war enttäuscht. Doch dankte er der Prinzessin herzlich, weil sie seine Gabe angenommen hatte, und zog von dannen.

Begegnung zwischen Tag und Traum

Die Vision der Liebessehnsucht findet ihre Erfüllung in der traumnahen, sternenklaren Frühlingsnacht, in der sein Lied sie verzaubert und entzückt, dies Lied, das erst ihr Dasein auf seine Lippen rief und dessen Töne sein Herz zu einer gemeinsamen Melodie zusammenfügt. Ihre Liebe ist wie ein Versprechen auf dauerndes, gemeinsames Glück.

Nicht lange danach kam ein Wandersmann am Kaiserpalast vorüber. Er hatte noch nichts von der Geschichte mit der blauen Rose gehört, sondern zog seines Weges, schlug die Laute und sang die Lieder, die ihm gerade in den Kopf kamen.

Es war Abend, und da er müde war und die Sonne herrlich unterging, setzte er sich an die Mauer des kaiserlichen Gartens, spielte und sang und lauschte zwischendurch dem Quaken der Frösche und dem Murmeln des Flusses.

> Neben Weidenbäumen steh' ich
> Und sehe wie der Abend sinkt.
> Über den Fluß kommt in mein Herz
> Ein Liebesname, den ich nie zuvor gewußt.
>
> Und aus der Wiese steigt
> Ein Vogel auf, der über den Strom fliegt.
> In seiner Silberflut
> Seh ich ein zartes Blau aufblitzen
> Wie ich es nie gesehen.

Auf dem Weg zur Ganzheit

Wie das Einlösen eines Versprechens Gottes an uns Menschen ist es, wenn in zärtlicher Zuwendung Liebe und Freundschaft sich ereignen. Hier geschieht ein Heilwerden aller Zerrissenheiten, das Wunder der Vereinigung aller Gegensätze.

Alles ist Einklang, wohltuende menschliche Nähe, durch die noch Größeres hindurchschimmert.

Da hörte er hinter sich eine Pforte gehen und eine schlanke Gestalt trat heraus. Sie führte ihn in den Schatten eines Zedernbaumes und sie wisperten und flüsterten sich unter den Sternen tausend Dinge zu, während die Nacht zerrann wie silberner Nebel.

«Sowie der Morgen kommt, werde ich zu deinem Vater gehen und um deine Hand bitten», sagte er.

«Ach», klagte die Unbekannte. «Ich bin des Kaisers Tochter und habe die Bedingung gestellt, daß mich nur derjenige heiraten darf, der mir eine blaue Rose bringt.»

Der Wanderbursche lächelte. «Das ist sehr einfach. Ich werde die blaue Rose finden.»

Der Morgen kam und er brach vom Wegrand eine weiße Rose, die brachte er in den Palast des Kaisers.

Die Wirklichkeit der blauen Rose

Der Hofstaat will nicht sofort erkennen, was sich in der liebenden Beziehung der beiden ereignet. Doch mit den Augen des Herzens gesehen, hat sich erfüllt, wonach beide sich sehnten.

Es gibt die Wahrheit einer verborgenen Wirklichkeit und diese zu leben, ist das Gesetz jeder wahrhaftigen Liebe.

«Dieser fremde Straßensänger bringt dir das, was er unter einer blauen Rose versteht. Willst du sehen, ob vielleicht sie die Richtige ist?» sagte der Kaiser lachend.

Die Prinzessin nahm die taufrische Rose in die Hand und ohne zu zögern, sprach sie: «Ja, das ist die blaue Rose, die ich haben wollte.»

Alle am Hofe protestierten, denn die Rose war weiß und nicht blau.

«Ich weiß, daß die Rose blau ist», sagte die Prinzessin, und freundlich fügte sie hinzu: «Vielleicht seid ihr alle farbenblind.»

Der Kaiser beschloß, diese Rose habe blau zu sein, da die Prinzessin recht behalten sollte und keiner daran zweifeln durfte, weder die Astrologen, noch die Wissenschaftler, noch ihre Schüler oder Propheten.

Die Prinzessin und der Straßensänger heirateten einander und lebten glücklich in einem Haus am See mit einem Garten voll weißer Rosen, die sie zeitlebens «blau» nannten. Der Kaiser aber war zufrieden, da er seine Tochter

Die blaue Rose,
Symbol der Vollkommenheit, Symbol der Ganzheit

    Die Liebe will gelebt sein als Einheit und Ineinandergreifen von Innen und Außen, als Aufhebung von Licht und Schatten, ist Hochzeit zwischen Himmel und Erde. Die weiße Rose, erblüht am Wiesenrand, sichtbares Zeichen erdverbundener, natürlicher Liebe! Die blaue Rose, erblüht als Vision des Herzens, das Symbol der himmlischen, übernatürlichen Liebe.

glücklich wußte und gern den Liedern seines Schwiegersohnes lauschte.

Ingritt Neuhaus: geboren 1940 in Dortmund; 1959–1964 Justizbeamtin; 1964 Heirat in Paderborn, seitdem dort wohnhaft; 1966 Geburt eines Sohnes; 1970 Ausbildung zur Erzieherin, später zur Kunsterzieherin, Arbeit in Kindergarten und Schule; Begleitung von Meditationskursen im kreativen Bereich; seit 1978 Batikarbeiten, vorwiegend Gestaltung von Märchen und Bibeltexten, Ausstellungen in Deutschland und der Schweiz; Gestaltung und Herausgabe mit Eugen Drewermann der Reihe «Grimms Märchen tiefenpsychologisch gedeutet» (Walter-Verlag).